L'ESVENTAIL Satyrique.

M. DC. XXV.

L'ESVENTAIL Satyrique.

SI le graue Censeur de Rome
Viuoit en ce temps ou nous sommes,
On ne verroit tant d'Hospitaux,
Tant de Gueux, tant de Courtisanes,
Tant d'abus, tant de mœurs profanes,
Tant de Cocus, & Maquereaux.

Ie veux qu'on m'appelle vn Critique,
Vn Charlatan, vn Empirique,
En ce temps vn donneur d'Aduis;
Il faut pourtant en ma Police
Dresser la Chambre de Iustice
Contre le luxe des habits.

Bonnes estoient les loix d'Athenes
Qui defendoient l'or & les chaisnes
A leurs filles, & les presens;
Que s'il estoit ainsi d'entr'elles,
Las! on trouueroit des pucelles
Encor à l'âge de quinze ans.

Mais les filles sont si volages
Qu'elles donnent leurs pucelages
Pour du satin, & du velous;
Et tiennent que c'est resuerie
De syndiquer la brauerie
Estant si commune entre tous.

Ah! que les Indes sont barbares
De remplir ces humeurs auares,
Nos vaisseaux & nos hameçons:
Que la rame est infortunee,
Qui a dans Paris amenee
La mode de tant de façons.

Encor si de ces braueries,
On en voyoit de rencheries
Il n'y auroit vn seul Cocu;
Mais elles gaignent ces richesses
Aysement pour vn tour de fesses,
Ou pour vn simple coup de cu.

A voir leurs habits sont des garces,
Ou bien des ioueuses de farces
Les plus honnestes au maintien:
Leur Simarre à l'Italienne
Sent mieux la licence Payenne,
Que l'honneur d'vn graue Chrestien.

Depuis les pieds iusqu'à la teste,
La Dame qui fait plus l'honneste
Veut sembler garce en son atour;
Ou la putain tout au contraire
Tasche l'honneste contrefaire,
Et non pas la fille d'amour.

Ie ne puis donner de louanges,
Mesdames, à ces manches d'Anges,
A ces iuppes, & ces rabas;
Car soit au Cours, ou dans les tables
Pardieu! il faudroit estre Diables
Pour se garder de vos appas.

O que vous auez bonne mine,
Sous vn taffetas de la Chine
En mettant les ventres au vent:
Est-ce ainsi que l'ont fait vos meres,
Femmes qui estoient si seueres
A faire couurir leur deuant?

Dieux quel prodige! sans le linge,
On verroit vostre petit singe
Qui enrage sous ce quaintin,
Et de la pasture demandes,
Sçachant que vous estes friandes
Des postures de l'Aretin.

Bien tost ſans doute vne Furie
Qui preſide à la braverie
Inuentera quelque metal,
Quelque creſpe, ou plus fine ſoye,
Afin que nuës on vous voye
Ainſi qu'au trauers d'vn criſtal.

A voir tous vos geſtes lubriques,
Et vos postures impudiques,
Vos deuants, & vos paradis,
Dieu ſçait ! ſi vous faites gambades,
Ne portant plus de vertugades
Ainſi que vous ſouliez iadis.

Les Bourgeoiſes qui ſont les belles,
Sont braues comme Damoiſelles,
Qui ſe vont promener à tas;
Ont-elles pas vn petit choſe
(Que l'on appelle vn C.. en proſe)
Pour achepter du taffetas?

Tour leur vaillant est sous le busque,
Qu'elles frottent d'ambre & de musque,
Pour faire le galimatias ;
Bref employant tout aux estoffes,
Elles sont de vrays Philosophes
Qui portent tout comme Bias.

C'est entr'elles vne maxime,
Qu'il faut bien faire plus d'estime,
D'vn vieil penard ou paysan
Auecques beaucoup de pistolles,
Que des caresses & parolles
Du plus accomply Courtisan.

Pour oster cet abus du Monde,
Faut chasser la Mode feconde
Qui f. . timasse tant d'habits :
Iamais Mathieu dans son histoire,
Ne vit vn luxe si notoire
En perles, satins, & rubis.

Les

Les beaux habits font qu'on cheuauche,
Et que les femmes on desbauche,
Que tant d'abus sont dans Paris;
Ce n'est donc pas contre les femmes,
mais contre leurs habits infames
Que s'entend ce charinaris

O que de f.. tus Hymenees,
De ramonneurs de cheminees,
Que de Cocus, que de Cornards,
Que de Putains, que de nourrices,
Que de mangeuses de saucisses,
Que de Furets, que de Renards.

O satin mort des pucelages,
Velous pere des cocuages,
Tabis, iuppes, robes, rabas;
Contre vous crie ma Satyre,
que si on ne s'en fait que rire,
Pour moy ie n'en pleureray pas.

A LA PLVS SOTTE ET dedaigneuſe beauté du monde.

BAISER.

EST-ce ainſi, ma douce guerriere,
Qu'il me faut tourner le derriere
Apres m'auoir veu ſi ſouuent?
Ah! chere Nymphe de Veniſe,
Pour vne f..tee à la guiſe
Tu preſterois bien le deuant.

Ie reſſemble aux fueilles d'Automne,
Ie bous comme vn vin qu'on entonne,
Mille petits Amours bouffons
Capriollent dans ma poictrine;
Que ſi quelqu'vn d'eux ſe mutine
Ie crains qu'ils ne iettent les fonds.

Las ! pour toy i'ay vn teint de ſolle,
Mes yeux ſont touſiours pleins de colle,
De pleurs mon bonnet eſt tout gras,
Mon calçon deſſus ma chemiſe
Degoute vne humeur ſans remiſe,
Comme vne chauſſe d'hypocras.

Donne moy, Phylis, ma rebelle,
Deux ou trois baiſers de canelle,
Ne me refuſe vn bien ſi doux :
Quoy ! tu ne veux que ie te baiſe
Ie penſe que tu es punaiſe,
Ou que tu as peur des ialoux.

Donne vn remede ſalutaire
A cet Amour caniculaire
Qui me tient dedans & de hors ;
Mourray-ie donc ainſi à l'ombre,
Comme vn melon, ou vn concombre
La ſemence dedans le corps ?

Dieux! que mes raisons sont bourruës,
Ie suis prest de courre les ruës
Les baisers m'estant interdits :
Ie vay me rendre à l'Oratoire,
Car iamais Amant dans l'histoire
Ne vit ses destins si maudits.

Ie meure, c'est tout ainsi comme
Ces iours passez vn Gentil-homme,
Epris de tes diuins appas
Te fit vne mesme requeste,
mais en fin tu fis de la beste
Auec tes Nymphes sur vn pas.

F . . tre, dit-il, des Courtisanes,
De ces vieilles peaux de bazanes;
Si ces filles estoient en Cour,
En moins d'vne heure, ces rusees
Seroient plus & plus rebaisees
qu'on ne les f . . t au long du iour.

Ma foy, ton humeur estfalotte
Braue guerriere Dom-Guichotte,
De refuser ainsi les gens ;
Si tu fais plus de la mauuaise,
Et ne permets que l'on te baise
Je te feray prendre aux Sergens.

Si tu estois seule infidelle !
Mais dans ton infame cordelle
Tu tire tout vn monde entier,
Et seringue tes heresies
Dans les plus nobles fantaisies
Des belles filles du quartier.

O ! beauté forte comme espisse,
Tu as donné la chaude-pisse
A l'esprit de la Massepin ;
Si on la baise, la victoire
En sera plus ample & notoire
Que de Venise sur Pepin.

Beautez, mes petites Rochelles,
Qu'on ne prends qu'à force d'eschelles
Je vous laisse dans vos humeurs;
Et contraint de leuer le siege,
Aux Dames, pour fuir vostre piege
I'enseigne ce trait pour les mœurs.

Dames qui estes mieux nourries,
Fuyez-moy ces pommes pourries,
Ces beautez noires comme poix;
D'vn baiser ne faites que rire,
Et redoutez plus ma Satyre
Que de le faire vnze ou dix fois.

EPIGRAMME,

D'VN PESCHEVR.

VN Pescheur à son ameçon
Auoit accroché vn poisson,
Quand vne Bergere incogneue
Vint pour se plonger toute nue
Dans le cristal de son ruisseau;
Lors voyant vn obiect si beau,
Quitte là sa ligne & sa pesche,
Et de courre apres se dépesche;
Elle commence à galopper
Qui le fit doublement tromper,
Car la voyant fuir en la plaine
O Dieux! ce dit il, qu'elle peine,
I'ay perdu ce que i'auois pris,
Et ce que ie n'auois pas pris

EPIGRAMME,

POVR VN BACCHVS, sur vne Fontaine.

IE n'estois encor né, qu'au feu de la Thebaine
Presques de ce grand corps mon ame s'enuola,
Et c'est pour ce suiet que i'ayme vne Fontaine
Depuis ce iour fatal qu'vn foudre me brusla.

www.ingramcontent.com/pod-product-compliance
Lightning Source LLC
LaVergne TN
LVHW050515160826
845677LV00003B/1146